Tobias Kohlhans

Eine wohlgemeinte Schrift an die Bediente

des von Gott eingesetzten obrigkeitlichen Amts in Dantzig und denen angehörigen Orten.

Tobias Kohlhans

Eine wohlgemeinte Schrift an die Bediente
des von Gott eingesetzten obrigkeitlichen Amts in Dantzig und denen angehörigen Orten.

ISBN/EAN: 9783743659995

Hergestellt in Europa, USA, Kanada, Australien, Japan

Cover: Foto ©ninafisch / pixelio.de

Weitere Bücher finden Sie auf **www.hansebooks.com**

Eine
Wohlgemeinte Schrifft/
An die
BEDIENTE
des von Gott eingesetzten Obrigkeitlichen Ampts in
Dantzig und denen angehörigen Orten/

Wegen

Der grausahmen Verfolgungen gegen die Gewissenhaffte
Leuthe/ so der ausdrücklichen Lehre des Apostels nach sich dieser
Welt nicht gleich stellen können/ und von derselben verächtlich
die Zitterende/ und in Englischer Sprache Quaker
genennet werden.

Worinnen

Zugleich die Unnatürligkeit und Ungebräuchligkeit der Verfolgungen
in Gewissens sachen/ daß nemlich dergleichen Verfolgungen von wahren
gläubigen Nachfolgeren des sanfftmühtigen JEsu Christi und seiner
liebreichen Aposteln nie/ aber wohl von blinden Juden/ Heiden und so genenten Christen geschehen/ wie auch eine Vergleichung zwischen denen anfäng-
lichen/ unstrittigen wahren Christ-gläubigen und diesen itzigen/ welche
spöttisch die Zitterende beygenamet werden/ so wohl wegen der
Spott-Namen/ als anderen gleichmässigen Ursachen
der ehemaligen und itzigen Verfolgungen/
kürtzlichen etwas angezeiget/ und damit

A Judice malè informato ad Judicem melius informandum

gleichsam appelliret wird.

Verfertiget

von einem dieser hartbetruckten Leuthe und aller auffrichtigen
Hertzen getreuen Freunde
T. L. K. V. G.

Gedruckt in Amsterdam vor Jacob Claus/ 1679.

Tertull. ad Nat. c. 6.

Leges meritò tamdiu justæ in Christianos & reverendæ & observandæ censentur, quamdiu ignoratur, quod persequuntur: meritò post agnitionem iniquissimæ repertæ cum suis macharis & patibulis & leonibus despuuntur. Legis injustæ honor nullus est.

Clem. Alex. Strom. lib. 4.

Quamvis non faciamus injuriam, tanquam tamen injuriam facientes nos intuetur Judex. Neque enim nostra novit, neque vult scire: quodam autem inani præoccupatus abripitur præjudicio, secundùm quod etiam judicatur. Nos ergo persequuntur, non ut qui nos injustos esse deprehenderint, sed quod nos vitæ humanæ injuriam facere existiment, eo quod simus Christiani [*vel contemptim dicti Trementes,*] & ipsos, inquam, qui sic vitam instituimus, & alios, quos adhortamur, ut vitam degant similem.

(3.)

An die Bediente des von Gott eingesetzten obrigkeitlichen Ampts in Dantzig und denen angehörigen Orten.

JN denen heiligen Schrifften finden wir folgende Worte/ die gemeiniglich von denen Obrigkeiten verstanden werden/ und die derohalben verhoffentlich auch ich wohl zu euch gebrauchen mag/ nemlich: Ihr seyd Götter/ müsset aber wie Menschen sterben/ Euer Leib und Seele wird so wohl als eures allergeringsten Unterthanen/ wäre er auch schon ein Better/ von einander geschieden/ der Leib zu Staub und Erden verkehret/ und die Seele biß zu der Erscheinung des gerechten Richters Jesu Christi an jenem ober- und allgemeinen Gerichts-tage behalten werden/ alwo ein jeder wird erscheinen müssen/ um was er in seinem Leibes Leben Gutes oder Böses gethan/ Rechenschafft zu erstatten. Da denn jede Obrigkeit/ und also auch ihr/ eine doppelte Rechenschafft abzulegen; Erstlich als andere Menschen/ in dem euch Gott Leib und Seele und andere manntgfaltige äusserliche und innerliche herrliche Gaben gegeben; Und ferner auch als Bediente des Obrigkeitlichen Ampts/ dieweilen keine Gewalt ohne von Gott ist/ so daß ihr nicht eine selbstbeliebige sondern dergestalt umschränckte Macht habet/ die nichts desto weniger an sich selbsten nicht geringe ist/ denn es scheinet den Worten Christi nach/ daß gleichsam und auff gewisse Maße GOtt seine Regierung hier auff Erden mit der Obrigkeit getheilet/ wenn er saget: Gebet dem Kayser was des Kaysers ist/ und Gotte was Gottes ist; die Obrigkeit in leiblichen und irrdischen Dingen/ Gott aber in geistlichen und himlischen Dingen. Die Obrigkeit hat zwar grossen Gewalt/ sie gebrauche solche gleich Recht oder Unrecht/ also daß sie nicht allein Schuldigen und Unschuldigen ihre zeitliche Güter und Gesundheit wegnehmen/ sie mit mancherley Plagen/ Peinigungen/ Pflöcken und Stöcken/ Verbannungen/ Geisselungen und dergleichen belegen/ auch öffters hierdurch einige gewissenhaffte wol zu beachtern/ aber nimmermehr ein anderes oder ruhiges Gewissen in denenselben/ oder einen rechtschaffenen Menschen vor Gott machen/ ja endlichen auch den Leib gar tödten kan/ jedoch über die Seele und das Gewissen in der Seele hat die Obrigkeit durch aus weder Recht/ noch Gewalt/ sondern solche hat sich Gott alleine vorbehalten/ und sie stehen ihme alleine zu/ und er nur allein kan beides Seele und Leib in die Hölle werffen.

Weil nun dieses eine Sonnen-klahre und unverneinliche Sache ist/ als hat es mir und vielen Auffrichtig-gesinneten desto mehr zu Hertzen gedrungen/ von so verständigen und sehr berühmten Leuten in eurem obrigkeitlichem Ampt einen solchen strengen und ernstlichen Befehl wegen eurer getreuen Unterthanen [dem irrdischen nach] und sonsten friedsamen Nachbahren/ die von der Welt spöttisch die Zitternde/ in Englischer Sprache Quater genennet werden/ zu sehen/ daß solche um nechstbinstehenden Michael/ wie die Zeit alldar benamet wird/ das Ihrige verlassen/ und sich davon begeben/ oder von niemand ihrer Nachbahren und Freunde in dem Gebiet eingenommen und beherberget werden solten.

Dieser Befehl nun gründet und beruffet sich auff einen vorhergangenen Transact vom 19. (so genenten Monat) febr. 1678, wodurch zweiffelsfrey das königl. Decret

A ij

(4.)

eret verstanden wird/ so zu Dantzig von dem (ins gemein genenten) Sonabend vor dem
Sontag Sexagesima gegeben werden/ in welchen (denen daselbstigen Worten nach)
der Quaker halber verordnet/ daß dieselbe als Verdamliche und die keine Obrigkeit er-
kennen/ da einige in selbiger Stad gefunden/ oder ins künfftige solten gefunden werden/
von Stund an mögen verwiesen und aufgejaget werden.

 Diese hierinnen angeführte Ursachen aber seynd zweiffels ohne wenigstens entweder aus einem Mißverstand oder übel geschehenen Bericht unwidersprechlichen
entstanden/ denn daß sie sollen/ denen daselbst gedachten Worten nach/ verdamliche
seyn/ wird ohne einige warum? errechnet/ gewiß ist es daß sie es äusserlicher Ursachen
halber nicht seyn können/ in dem sie weder Mörder/ Hurer oder Ehebrecher/ noch Die-
be/ Rauber/ Betrieger oder solche Leuthe sind/ die ein ärgerliches/ schändliches Leben
in fressen/ sauffen/ Unkeuschheit/ Verurtheilung und Unrechtthuung gegen ihren
Nächsten führen/ oder in einigerley Laster/ oder wieder die rechtmässige Landes Gesetze
gehandelt zu haben/ so der weltlichen Obrigkeit zu verurtheilen oder zu verdammen zu
kommen/ begriffen seynd. Solten sie aber in geistlichen Sachen/ wegen ihres zarten
Gewissens und der Furcht Gottes halber/ und daß sie vermöge des ausdrücklichen Be-
fehls des Apostels/ sich dieser Welt nicht gleich stellen können/ (massen es auch nit
anderst ist/ denn man bedencke doch was sie vor nutzen von solcher Verachtung/ Ver-
spottung und grausamen Verfolgungen haben/ were es nicht des Gewissens/ ec. halber) verdamliche genennet werden/ so hat Gott/ als welcher allein ein καρδιογνώστης ein
Hertzen Kenner ist/ der da Hertzen und Nieren prüffet/ auch allein hierin zu verurtheilen und zu verdammen/ wie hier recht mit mehren/ geliebts Gott/ wird zu ersehen seyn/
recht und macht. Ferner soll auch das Gegentheil der anderen und daselbst dem Buchstaben nach erwehnten Ursachen/ als ob sie keine Obrigkeit erkenneten/ gnugsam und
verhoffentlich überflüssig bereits vor langer Zeit ein leser/ nicht allein durch vielfältige
Schrifften so wohl in dem Englischen als Lateinischen/ Hoch- und Nieder-Teutschen/
Frantzösischen und Polnischen/ absonderlichen von George Fox in dem Jahr 1678. in
einem schreiben/ Ein Wort zu dem Könige/ so in das Polnische übergesetzet und fleis-
sig übersendet und beleistet worden/ sondern auch aus ihren Thaten/ indem sie allen ih-
nen/ gleich ihren Nachbahren/ abgeforderte gebührliche Schatzungen und Gelder auch
andere dergleichen Schuldiakeiten gantz willfährigen erlegen/ und alles was ihnen von
der Obrigkeit anbefohlen wird/ und denen Befehlen Christi und seiner Apostel auch ihren Gott allein angeschlagen Gewissen nicht entgegen ist/ gehorsamlich und bereit-
fertigst verrichten/ als jemahls getreue Unterthanen gegen ihre Obere und weltlich
Gebietende thun können/ werden sie aber ihres Gewissens halber übel angefahren/ und
auf mancherley weise übel gehandelt so schelten sie/ der Lehre Christi nach/ nicht wie-
derum/ murren auch nicht/ suchen auch keine Rache/ sondern litten vor ihre Verfol-
gere und Feinde/ leiden und vertragen/ gleich ihrem Vorgänger Christo Jesu/ gedul-
tiglichen und befehlen es in die gewaltige Hand und den starcken Arm Gottes/ der ihnen
auch biß anhero sonderlich in Engelland dergestalt kräfftiglichen beygestanden daß ob sie
schon anfänglichen grausamlich verfolget/ ihnen das ihrige abgenommen/ und viel
hundert in Gefängniß elendiglichen gestorben und umkommen/ nichts desto weniger
haben sie es als unschuldige Schäfflein geduldiglichen erlitten/ sich nie denen Obrigkeiten widersetzet/ massen R. Barclay Apologie in der Vorrede an den König in Engelland mehrers bezeiget/ und also dergestalt durch gedrungen/ daß sie nun anjetzo in Lon-
don selbst nicht allein ruhiglichen des ihren abwarten/ sondern auch ihre grosse Zusam-

m'n

menkunfften zum Dienste Gottes an unterschieden Orten daselbst und im Lande halten. Also daß dieses/ als ob sie keine Obrigkeit erkenneten/ dermahlen an allen Orten wo dergleichen Leute in der Welt zu finden/ zu völliger genüge in der that/ quid enim verbis opus, ubi res ipsa loquitur, entgegen gezeiget und widerleget/ auch hiermit ein anderes gewiesen wird.

Weil sich denn dieses nun dergestalt wahrhafftiglichen gantz anders/ als diese zwey vermeinentliche Ursachen zu solchen Verfolgungen anführen/ verhält/ so ist nicht zu zweiffelen/ es müssen diese Worte in dem königlichen Decret/ wenigstens aus einem ungleichen Bericht/ der da in Welt-sachen und sonderlich an königlichen und grosser Herren Höffen/ gar nicht ungemein ist/ heroberab ein solches fast von jederman verachtetes und verspottetes/ einfältiges/ gottfürchtendes/ und das sündlich-übliche Welt-wesen hassendes Völcklein betreffende/ entsprossen seyn/ die Art und Weise aber/ wie oder durch wen dergleichen zu geschehen pflege und ausgeübet wird/ ist so viel und mancherley/ daß es nicht zu ergründen/ viel weniger zu beschreiben/ maßen einem jeden/ deme das Welt- und Hoff-leben bekand/ solches mit seiner unvermeidlichen Erfahrung/ er sey auch wer er sey/ nicht verneinen wird.

In mittelst weil die einzige und vornehmste Ursache dieser so schweren und unbarmhertzigen Verfolgung die Gewissens Sachen seynd/ mit welchen sich sonsten die Obrigkeit nicht leichtlichen bemühet/ oder wenigstens nicht ohne zuziehung oder antrieb und Verhätzung der so genenten Priester und Prediger/ es geschehe gleich mittelbahr oder unmittelbahr/ ohne Helffer oder mit Helffers-Helfferen/ wie in vorigen Zeiten die Exempel des Waldonis und Waldenser/ des Hussen und der Hussiten/ Lutheri und der wieder seinen ehemaligen Willen so genenten Lutheraner/ und zu den ersten Zeiten dieser gewissenhafften Leuthe in Engelland und anderswo bezeigen/ so ist hierunter/ daß auch dieses nemlich unter anderen etwan von dergleichen Leuthen herkommen möge/ nicht nur eine blosse und falsch eingebildete Muthmassung/ sondern es lieget hell und klar am Tage/ und zwar sonderlich aus dem schamlosen dieses Jahrs in Dantzig getrukktem Büchlein Benedict Figken, der sich Prediger an der Pfarkirchen nennet/ worinnen er hin und wieder insonderheit aber p. 4. s. 9. die Verfolgungen in Gewissens Sachen/ worvon hier eigentlich gehandelt wird/ und einfolglich dieser Leuthe auff guth Jüdisch/ Heidnisch/ Päbstisch/ und Wider-Christisch ungescheuet und öffentlich/ wiewohl vergeblich zu vertheidigen unternimmet/ und derentwegen aus dem alten Testament die bereits geschehene/ mit den Haren herzu gezogene und übel verglichene Thaten Hiskiæ und anderer/ da Plöcker/ und Steine und Menschen/ geschnitzte Bilder und lebendige/ darzu gewissenhaffte Leuthe ihme alles ein Ding seyn/ anführet/ und der bloß daselbst ferner angezeigte Ort Pauli, Rom. 3: 1. seqq. reimet sich auch dahin als wie eine Faust auff ein Auge/ dan solcher seiner Meinung nach hätten Ananias/Caiaphas und Alexander das höchste Recht/ Petrus aber und Joannes das größte Unrecht gehabt/ Act. 4: 6, 7, 19, 20, 21. welches er wohl gesehen/ daß es nicht in seinem Krahm gedienet/ sonsten weren die Worte aus solchem Briefe des Pauli wohl aus- und mit grossen/ ja wo müglich/ güldenen Buchstaben getruckt worden/ und auff dergleichen seiner selbst eigenbeliebigen Art und Ansehens ist das übrige und hier zu beantworten unnöhtige.

Nichts desto weniger giebet er hiedurch genugsam zu verstehen/ daß er und vielleicht viel andere seines gleichen die ehemalige Grausamkeit der Juden mehrers suchen und lieben/ als die (nach dem gemachten Unterscheid Christi: Zu den Alten ist gesaget worden/

worden/ ꝛc. Ich aber sage euch/ ꝛc.) Itzige/ und ſind ſolchen Gebothen Chriſti unter denen wahren Bekennern ſeines Nahmens ſtets-gewöhnliche Sanfftmütigkeit ſolches unſers Liebreichſten Herrn und Heylandes Jeſu Chriſti. Wäre er und alle dergleichen andere in der That/ und nicht nur in Worten/ was ihme Ehren genennet/ und ſeine wahrhafftige Nachfolger/ ſo würden er und ſie auch ſeine Geboth in acht nehmen/ ſonderlich wan er vermahnet: Daß einer gegen ſeinem Nächſten thun ſolle/ wie er wolte/ daß er ihme thue; ich bin verſichert/ er würde die Obrigkeiten nicht ſo um arme gewiſſenhaffte Leute zu verfolgen/ gefangen zu nehmen/ auffs Rath-hauß und ins Gefängnüß zu bringen zu verweiſen/ (welches leider! obgedachter Befehl auch nunmehro ausweiſet) und es mangelt wenig um gar zu tödten antreiben und verleiten.

Hierauß nun als auß denen Früchten und Wercken ſiehet ein jeder/ der ein Auge zu ſehen hat/ ſolcher Menſchen ihren Schein der Gottſeligkeit/ welche ſie doch in der That verlengnen/ und daß es nur eine Heucheley mit ihrem Gottesdienſte ſey. Chriſtus ſaget hierunter noch klärer/ nicht die Hörer/ ſondern die Thäter des Worts werden ſelig. Thue das (nicht wiſſe das/ verzehle das/ glaube das/ ob ſchon nur mit einem Hiſtoriſchen Beyfal zu gewiſſen Zeiten der Geld etwas herzuſaan) ſo wirſtu leben; ingleichen: der meine Wort höret und thut ſie den vergleiche ich/ ꝛc. Ferner: wer mich liebet der hält meine Gebohte; unter welchen Geboten denn nicht das geringſte iſt/ man er ernſtlich will/ daß man auch ſeine Feinde lieben/ und ihnen Gutes thun ſolle. Wiewelen dieſe gutherzige Leuthe/ die er und andere ſo bitterlich verfolgen/ ihres Orts ihnen gar nicht Feind ſeyn/ ſondern viel mehr ihr Beſtes/ ob er und andere es ſchon nicht/ wie viel anderes mehr/ verſtehen können/ ſondern gleich wie ſie dieſem heiligen Gebot Chriſti nach aller anderen Menſchen unverfälſchte Freunde ſeyn/ ſo ſind ſie es auch gegen ihme und ſeines gleichen.

Und geſetzet/ aber keines weges geſtanden/ es wären dieſe gewiſſenhaffte und wegen äuſſerlichen geringen anſehens von ihnen verachtete und verfolgte Leuthe/ verkehrte und ketzeriſche Menſchen/ ſo weiſt er und andere ja wohl/ wenn ſie es anders wiſſen/ und nicht muthwillig verſtockt ſeyn wollen/ was Chriſtus hierunter zu thun/ nicht nur ins gemein mit ſeinem Leben/ Lehre und Exempel ſondern inſonderheit in dem Gleichnüß des guten außgeſtreuten Saamens (ſo die Gläubigen bedeutet) und des von dem Satan eingeworffenen Unkrauts (die Ungläubige und Ketzer) auff die Frage: ob ſie ſolche Außgetten (hier in dieſer Welt verfolgen/ martern/ quälen/ reinigen/ verweiſen und tödten) ſolten? deutlichen anzeiget/ und blat mit nein antwortet/ und ſaget: Nein/ damit ihr nicht zugleich den Weitzen mit außrauffet/ ſo ihr das Unkraut außgettet/ laſſet beide mit einander wachſſen biß zu der Ärnde (zum jüngſten Gericht) ꝛc.

So wiſſen ſie auch etwan/ was in Göttlichen und Gewiſſens Sachen vor Waffen nothwendig ſeyn/ nemlich das Schwerd und die Waffen des Geiſtes/ die müſſen hier gebrauchet werden/ welche aber nach des Lutherl Bericht ihm über das 9. Cap. der Offenb. von 1. biß 12. Verſicul und in andern Orten mehr auf den hohen Schulen/ ſo ſie Univerſitäten und Academien heiſſen/ nicht zu erlangen/ auſſer denenjeder dieſer Prediger und ſeines gleichen mit Waffen ſchlecht verſehen ſeyn/ alſo daß es nichts ſeltzames/ warum er und dergleichen Leuthe/ in Ermanglung des Geiſtlichen Schwerds und Waffen/ das ſcharffe Schwerd der weltlichen Obrigkeit um Hülffe anruffen. Es ſolte einer wol nicht unbillich auff die Gedancken gerathen/ daß vor faulentzende/ unwiſſende/ und gottloſe Prieſter und Prediger kein angenehmeres und bequemlicheres Mittel/ um die vermeintliche Ketzer/ die ihnen die Warheit ſagen/ ge-
ſchwind

schwind zu widerlegen und das Maul zu stopffen/ könten erfunden werden/ als das Schwerd der Weltlichen Obrigkeit/ um solche/ die man nicht einmahl recht gehöret/ oder verstanden/ oder untersuchet/ oder wiederleget/ sondern nur so gleich oben hin/ und öffters auff guthen Credit/ was andere von ihnen gesaget oder geschrieben/ es seyn gleich Freunde oder Feinde/ es sey gleich wahr oder erlogen/ dergestalt erkläret/ auffs Rath-hauß zu setzen/ ins Gefängnüß zu werffen/ ins Zucht-hauß zu bringen/ zu peinigen/ zu verweisen/ zu enthaupten/ zu hencken/ zu brennen und grausam genugsam mit ihnen zu handeln. Dieses war der gebahnte Weg des Satans in dem Anfang mit Abel/ man betrachte nur von Christi Zeiten an/ was dieser Bösewicht der Satan, durch die Pharisäer/ Schrifftgelehrten und andere Juden/ nachmals die Heyden/ und zwar zum ersten durch Neronem, wie Tertullianus in seinem Apologetico meldet/ den durch die Catholische oder Papisten/ um die Warheit/ jedoch umsonst/ auszutilgen/ gethan hat. Gesetzt es möchte etwan hier und dar eine Ketzerische Seele gewesen/ und dergestalt/ welches doch unrechtmässig/ seyn verfolget/ gefangen gesetzet/ gepeiniget/ verwiesen/ getödtet und gar ausgerottet worden/ aber wie viel hundert tausend Menschen seynd hingegen unter diesem betrüglichen Vorwand unschuldig hingerichtet/ und nicht als nur lange Zeit hernach/ warhafftige Gläubige gewesen zu seyn erkennet worden/ man fange von Christo an/ biß zu denen itzigen Zeiten/ und sehe das Leben der Apostel/ der Waldenser/ Hussiten und anderer an. Dieses ist gewißlich nicht die rechte Art/ ein verlohrnes Schaaf zu suchen/ sondern ein solches blinckendes Schwerd in dem glän-tzenden Grim der Verfolgung solte wohl ehender eine gantze Heerde zerstreuen.

Und da alles falls bey einem hartnäckigten und widerspänstigen Ketzer das Schwerd und die Waffen des Geistes gantz nicht helffen wolten/ so war das äusserste/ was hierinnen Paulus finden/ und Tito zu thun anbefehlen konte/ dieses: Daß wan er einen Ketzerischen Menschen einmahl und abermahl vermahnet/ meiden solte/ Titus solte den Ketzer/ nicht der Ketzer durch gefangen setzen/ Verweisung/ Tödtung/ den Titum melden; denn wer weiß/ ob nicht aus einem Saul ein Paul werden könne?

Uber dieses bißherige so bin ich versichert/ daß weder dieser Prediger noch ein einiger seines gleichen/ einen einzigen rechten Beweißthum entweder durch Lehre oder Exempel von Christo an biß fast an das Ende der ersten 300. Jahren/ vorbringen kan/ daß die damahligen Gläubigen entweder sich unter sich selbsten/ oder die Juden/ Heyden oder Ketzer/ ungeachtet derselben von Anfang und jederzeit genug gewesen/ auf einigerley weise verfolget hätten/ da es ihnen doch/ wie sonderlich aus dem Tertulliano und anderen zu ersehen/ öffters an Gelegenheit und Möglichkeit hierzu nicht gemangelt gehabt/ sondern es ist solche Verfolgung unter denen so gemeldten Christen erstlichen in der Trennung zwischen den Arrianern und damals genanten Catholischen entstanden/ wer aber hierinnen den Anfang gemachet/ weisen die so genanten Kirchen-Vätter und Kirchen-Historien.

Derenthalben schreibet ein wackerer Mann in Engelland/ wie er sich über die Obrigkeiten fast in allen Religionen nicht gnugsam verwundern könne/ daß sie sich in diesem Stücke der unter wahren Christen nie gebräuchlichen Verfolgung halber durch dergleichen bunde Leider und Führer/ wie solche anhätzende Priester und Prediger seyen/ so jämmerlich verleiten/ und sich hierinnen ihnen selbst und ihrem Gottlosen Vornehmen zu gehorsamen/ gleich wie ihre Diener und Unter-Richter gebrauchen liessen.

Gewiß-

(8.)

Gewißlichen es möchte eine löbliche Oberkeit die Worte Christi wol bedencken/ wenn er saget: Viel werden an jenem Tage zu mir sagen: Herr/ Herr/ haben wir nicht in deinem Nahmen geweissaget/ und in deinem Nahmen Teuffel ausgetrieben/ und in deinem Nahmen viel Thaten gethan? denn werde ich ihnen bekennen/ ich habe euch noch nie erkandt/ weichet/ ꝛc. und daraus schliessen/ daß wie dergleichen Leute sich nicht gescheuet auch mit dem allwissenden Christo/ welches sie wohl wusten/ anzusehen/ und ihre grosse Thaten heraus zu streichen/ und ihme/ gleichsam als eine Schuldigkeit/ das Himmelreich abzupochen/ daß es also auch gar keines wunderns bedürffe/ wenn dergleichen eingebildete/ hochmühtige/ eigenwillige und rachgierige Priester und Prediger unter dem Schein des Gottesdienstes und Gottseligkeit/ in dem sie noch lange keine solche Wunderwercke gethan/ sich unterstehen/ der Obrigkeit ihre Macht und Gewalt gegen ruhsame und fleissige Unterthanen abzusprechen/ umb sie dadurch bloß ihres Gewissens halber zu verfolgen und zu beschädigen. Da denn diese grausamgesinnete Priester und Prediger klar genug blicken/ ja gantz öffentlich sehen lassen/ welches Geistes Kinder sie seyn/ wahrhafftig nicht des liebreichen Geistes Christi/ der wegen seiner Sanfftmuth und daß er von Hertzen demühtig/ will/ daß man solle zu ihm kommen/ so waren seine verträgsame Aposteln/ so alle wahre Gläubigen/ sonderlich in den ersten dreyhundert Jahren/ und so seyn sie hernach gewesen/ und annoch. Dieweiln nun nur zweyerley Geister seynd/ so muß es nothwendig der andere/ der der böse heist/ seyn/ es sey gleich Caines oder des Teuffels selbst.

Es ist zwar nicht ohne/ daß dergleichen Anheber/ es seyn gleich Prediger oder andere/ gegen solche gewissenhaffte Leute/ wie diese spöttisch genante Zitterende seynd/ eine erschreckliche Straffe werden auszustehen haben/ denn weil diese/ so nur/ und noch darzu unwissende/ daß es Christo anlange/ wegen Unterlassung zu speisen/ zu träncken/ zu kleiden/ in Gefängnüssen zu besuchen/ mit der ewigen Verdamnüß werden gestraffet werden/ was meinet man denn wohl daß denen wiederfahren wird/ die sie nicht allein nicht speisen/ träncken/ bekleiden/ sondern die solches und die hierunter benöthigten Mittel noch darzu ihnen abnehmen; besuchen sie nicht allein nicht in den Gefängnüssen/ sondern helffen und werffen sie noch darzu hinein/ ja wollen nicht einmahl zulassen/ daß andere mittleidentliche Nachbaren solches thun/ und ihnen behülflich seyn möchten? Aber/ O Ihr Bediente des hohen Obrigkeitlichen Ampts! glaubet und seyd auch ihr in eurem Hertzen versichert/ es wird/ wo denen Angeberen hierinnen solte gefolget werden/ auch an euch/ es sey gleich zeitlich oder ewig/ oder wohl beydes von Gott/ da nicht Busse erfolgen solte/ nicht ungestrafft hingehen; Beyde sind vor Gott schuldig/ ob schon einer mehr denn der andere/ wie Christus zu Pilato saget: Die mich dir überantwortet haben/ haben es grössere Schuld denn du. Das Handwaschen konte Pilato nicht helffen noch nützen.

Ach sicherlichen/ diese selig erklärte Leute wusten nicht daß sie ihre Guttthaten an Christo angewendet hatten/ so hatte Abraham unwissende Engel aufgenommen! also daß man hieraus unwiedersprechlich zu ersehen/ wie die unwissend-erzeigte Guttthaten von Gott nicht unbelohnet/ also auch die unwissend bezeugte Ubelthaten/ sonderlich in denen Verfolgungen Gewissenhaffter Leute/ und ungeachtet aller treuen Warnungen/ nicht ungestrafft bleiben/ wenn sie auch schon meinen solten/ sie thäten Gott einen Dienst daran.

Das allererschreckl. Iste aber in denen Verfolgungen des Gewissens halber/ und

daß

daß einen/ wan man es recht bedencket/ die Haare zu berge stehen/und die Haut erschüttern solte/ ist die unaussprechliche und unbeschreibliche Blindheit und Unwissenheit solcher Verfolger/ indem sie sich zwar auff etwas gründen und fest setzen/ das an sich selbsten wohl recht und guth ist/ aber wegen ihrer mehr als Egyptischen Blindheit und Unwissenheit ist in ihnen keine Fähigkeit noch Müglichkeit/ solches Recht und seinem Wesen und Natur nach zu erkennen und zu gebrauchen. So war es mit den Juden/ als Pilatus unseres Heylandes Christi Jesu sonnenklare Unschuld vernünfftiger weise wohl sahe/ und ihn gerne loß gelassen hätte/ so sagten sie: Wir haben ein Gesetz (welches an sich selbsten guth war) und nach dem Gesetz soll er sterben/ dan er hat sich selbsten zu Gottes Sohn gemacht; die elenden blinden Leuthe verstunden das Gesetz noch dessen Gebrauch nicht/ von welchen sie doch so grosses Werck machten/ als wohl diese verfolgende Priester/ Prediger und andere anjetzo von denen heiligen Schrifften. Und daß hierinnen die Boßheit der Juden von ihrer Unwissenheit herkame/ zeigen die ausdrücklichen Worte Christi: Vergib ihnen Vater/ dan sie wissen nicht was sie thun. Aus diesem Grund der Unwissenheit hatten vormals ihre Väter die Propheten verfolget und ermordet. Dergleichen blinde Verfolger finden wir im Pabstthum/ alwo wohl solche äusserlich-gelehrte/ vortreffliche und ihrer Einbildung auch dem Schein nach Geistreiche Leute seyn/ als dergleichen anhätzende Prediger und andere seyn mögen/ nichtsdestoweniger wissen wir alle/ wie Waldo und die Waldenser/ Huß und die Hussiten/ Lutherus und andere Werckzeuge Gottes sampt ihren Nachfolgeren/ so nach der Austheilung und Verordnung Gottes/ oder des Apostels Worten nach κατὰ τὴν οἰκονομίαν τᾶ Θεᾶ, was ihnen von Gott befohlen gewesen/ verrichtet gehabt/ vor die verfluchtesten leichtfertigsten Ketzer/ solcher Papisten ungezweiffelter Meinung und Vorgeben nach/ wiewohl aus starblinder Unwissenheit/ ja ärger als die Juden und Türcken selbst ausgeruffen und grausamlich verfolget worden; dan es kam diesen Verfolgeren die Lehre und Lebens-art dieser erzeigten Leute/ damals wohl so närrisch/ wunderlich und ungereimt vor/ als denen itzigen Verfolgeren die itzige von denen verächtlich genenten Zitternden.

In so einer höllisch-finsteren Unwissenheit verfolgten auch die blinden Helden die allerersten gläubigen Bekenner Christi: da wurden sie/ anderer Eckel-namen als Galilæi, Asinarii, &c. zugeschweigen/ zeitlichen und zum ersten zu Antiochia/ nach ihrer vielen nicht ungegründeter Meinung als mit einem Spot-namen Christen/ und wie ein sehr gelehrter Man meldet/ wegen ihres gedultigen Lebens quasi τᾶ χρηςᾶ, gleichsam Christi Esel genennet/ welches die Geschichte Tertull. in Apol. c. 14. und ad Nat. c. 11. & 14. auch Tacitus nicht wenig bekräfftigen/ dannenhero es auch zweiffels frey kommen/ daß ungeachtet dieser Name zeitlichen gegeben worden/ wir doch hernacher in der gantzen Apostel Geschichte nicht finden/ daß sich solche untereinander Christen sondern Gläubige oder Lehrjünger oder Brüder geheissen/ aber wohl von dem Judischen Heyden Agrippa, da er zu Paulo, als er vielleicht mit der Warheit sich etwas berühret/ gleichsam verächtlich sagte: du soltest mich fast überreden/ daß ich ein Christ würde! viel weniger haben die Apostel in einigen ihren Brieffen/ die damahligen Gläubigen oder sich selbsten also genennet/ ja nicht einmahl dieses Nahmens gedacht/ ausser Petro/ wan er schreibet: Leidet aber einer als ein Christ/ so schäme er sich nicht. Gleich also gehet es auch denen itzigen gläubigen Bekennern Christi mit dem spöttisch aufgelegten Namen der Zitternden oder in Englisch Quaker. Ferner so nahmen auch
B etliche-

etliche der Ungläubigen damals nicht den Namen ein Christe von Christo her/ wie Just. Mart. in Apol. 2. mit diesen Worten bezeuget: Christiani esse deser. nur, acqui χρησ, hoc est, commodum & bonum odiise injustum est. d. i. Wir werden angeklaget/ daß wir Chresten seyn/ aber χρησ, das ist/ das Angenehme und das Gute zu hassen ist unbillich. Und Tertullianus in Apol. c. 3. Christianus, quantum interpretatio est, de unctione deducitur, sed & cum perperam a Christianus pronuntiatur à vobis, nam nec nominis certa est notitia penè vos, de suavitate vel benignitate compositum est. d. i. was die Auslegung des Worts ein Christ belanget/ so kommts solches von der Salbung her/ aber wan es auch von euch/ wiewohl unrecht/ ein Chreste ausgesprochen wird/ dan ihr habet keine sichere Erkäntnüß dieses Namens/ so wird es von Lieblichkeit und Guththätigkeit zusammen gesetzet. Also ist es auch kein wunder/ daß insonderheit gemeldter Prediger und andere seines gleichen lieber das Englische und im Teutschen überlautende Wort Quaker/ als das in solcher Sprach gleichgültige Wort die Zitterende gebrauchen/ nur daß sie damit ihr Quälen/ und Jecken und Froschgeschrey/ (warum nicht auch der Enten Hüner/ ꝛc.) desto mehr können von sich hören lassen: wie dieses Mannes Schrifft in ihm zur grossen Schande und Anzeig seines lästerhafften Geblüts ausweisen: und dan/ daß sie nicht sehen/ daß von solchen zitterenden in denen H. Schriften von Mose/ Daniel und mehreren gesaget wird/ sonderlich was der Apostel meldet: schaffet daß ihr selig werdet mit furcht und zittern. So daß gleich wie das anfängliche Spotwort ein Chreste/ zwar in rechter Bedeutung gar guth; und doch von denen anfänglichen Gläublgen nicht angenommen noch gebraucht wurde/ also ist es dasselbige Ding auch heut zu Tage mit dem Wort die Zitterende. Qualer aber ist/ ausser in dem Englischen/ gäntzlichen zu verwerffen.

Es wurden auch die ersten Gläubigen nur des blossen Namens/ ein Chreste/ halber/ abscheulichen verfolget/ verachtet/ und verspottet. Just. Mart. in Apol. 2 giebet diese Nachricht: Quantum ad nomen ipsum pertinet, quod criminis loco nobis objicitur, optimi certè sumus, &c. d. i. Was dem Namen selbsten/ der uns anstat einer Missethat vorgeworfen wird/ anbelanget/ so seynd wir die besten Menschen/ ꝛc. und bald hernach sagt er: Vos ex iis quidem, qui sacra vestra colunt, accusatos omnes non prius pœnà, quàm rei peragantur, afficitis, de nostris autem nomen ipsum, tanquam criminis comperti argumentum, arripitis. d. i. Ihr bestraffet zwar alle die jenige/ die aus denen/ so eure Götzendienst verrichten/ angeklaget werden/ nicht ehender/ dan biß daß sie schuldig erfunden sind/ aber bey denen unselgen/ so muß auch der Name selbsten an stat einer überzeugten Missethat dienen. Und Athenag. legat. pro Christ. Adversus nos major est vis nominis, quàm quæ judiciis conveniunt argumentationum & probationum. d. i. Gegen uns gilt der blosse Name viel mehr als senften die in den Gerichten behörliche Anzeigungen und Beweisungen. Ingleichen Theoph. Antiech. ad Autol. lib. 1. Mihi crimini vertis, quod sim Christianus, &c. d. i. Du rechnest es mir vor eine Missethat zu/ daß ich ein Christ sey ꝛc. Und derselbe daselbst: Tibi ludibrium debeo, dum me Christianum vocas, nescis quid dicis, &c. d. i. Du meinest mich zu spotten/ indem du mich einen Chresten heissest, du weist nicht was du sagst, ꝛc. Tertullianus in Apol. c. 2. Christianus si nullius criminis nomen est, valdè ineptum, si solius nominis crimen est. d. i. Wan das Wort ein Christ kein Name ist einer Missethat/ so ist es sehr ungereimt/ wan der blosse Name sollte vor eine Missethat gehalten werden. Und derselbige weiter: Christianum hominem omnium scelerum reum, deorum, imperato.um, torum, morum, naturæ totius inimicum existimas, & cogis negare, ut absolvas, quem non poteris absolvere, nisi negaverit, &c. d. i. Du hältst davor/ daß ein Christen Mensch aller Schelmenstück schuldig/ und ein Feind der Götter/ der Keysere/ der Sitten oder Gebräuche/ ja der gantzen Natur sey, du zwingest ihn zu verleugnen/ daß du ihn möchtest unschuldig erkennen/ welchen du nicht köntest unschuldig erkennen/ wan er nicht verleugnet hätte/ ꝛc. Und also ferner c. 3. Ita plerique clausis oculis in odium Christiani nominis impingunt, ut bonum alicui testimonium ferentes, admisceant nominis exprobrationem, bonus vir Cajus Sejus, tantum quod Christianus. Item alius: Ergo miror Lucium Sapientem virum reperte factum Christianum, &c. d. i. Die meisten stolpe ren dermassen aus neid des Christlichen Namens mit zugeschlossenen Augen/ daß wenn sie einem wollen ein gutes Zeugnüß geben/ so müssen sie es mit dem Vorrücken dieses Namens vermischen: Cajus Sejus ist ein ehrlicher Mann/ nur daß er ein Christ ist; und ein anderer saget: Ich wundere mich/ daß Lucius ein solcher verständiger Mann/ ist so geschwind ein Christ worden/ꝛc. Auch c. 40. Omnis publicæ cladis, omnis popularis incommodi Christianos [volunt] esse causam, si Tiberis ascendit ad mœnia, si Nilus non ascendit ad arva, si cœlum stetit, si terra movit, si fames, si lues, statim Christianos ad leonem. d. i. Ein Christ muß alles sich ereignenten Elendes/alles gemeinen Unfals Ursache seyn. Wenn sich die Tiber biß an die Mauren ergiest; wenn der Nilus sich nicht in die Felder ergossen/ wenn der Himmel unbeweglich/ und die Erde gebebet/ wan Hunger/ wan Pest/ stracks mit den Christen nach dem Löwen zu. Derselbe ad Nat. c. 3. Jam apparet omne in nos crimen non alicujus sceleris, sed nominis dirigi, adeo si de criminum veritate constaret, ipsa criminum nomina accommodarent, ut ita pronunciaretur in nos: Illum homicidam, vel incestum, vel quodcunque jactamur, duci, suffigi, ad bestias dare placet. Porro sententiæ vestræ nihil nisi Christianum confessum notant, nullum criminis nomen extat, nisi nominis crimen est, &c. d. i. Nun mag man wohl klar sehen/ daß alle die Missethaten/ derer wir beschuldiget werden / seynd nicht leichtfertiger Thaten/ sondern des Namens halber/ dergestalt/ daß wenn dergleichen Missethaten warhafftig begangen weren/ so würden sie solche Missethaten mit ihren Namen beysetzen/ und also das Urtheil gegen uns aussprechen: dieser wird als ein Mörder oder Blutschänder/ oder was sie uns sonsten vor Missetahten andichten/ hingeführet/ aufgehencket/ oder den grimmigen Thieren vorgeworffen/ aber eure ausgesprochene Urtheil zeigen nichts anders an/ als daß sie nur bekennen/ daß sie Christen seyn/ da wird keines Namens einer Missethat erwehnet/ es sey denn/ daß der Name eine Missethat sey/ ꝛc. Und Apol. c. 48. saget er: Desperati & perditi existimamur. d. i. Wir werden vor verzweiffelte und verlohrne Menschen gehalten. Albar auch ferner: Illa ipsa obstinatio, quam exprobratis, magistra est. d. i. Eben diese Hartnäckigkeit oder Verstockung selbsten/ die ihr uns verrucket/ist eine Lehrerin. Und ad Nat. c. 8. Tertium genus dicimur, Cynocephali aliqui, vel sciapodes, vel aliqui de subterranea antipodes. d. i. Wir werden das dritte Geschlecht der Menschen genennet/ etliche Hundsköpfichte Menschen / oder einbeinige Breitfüsse [Menschen so nur einen Fuß und solchen sehr breit haben/ daß er ihren gantzen Leib in der Sonnen Hitze Schatten giebet] andere im gegentheil der Erden entgegenstehende Menschen. Gantz gleich dem mehrgedachten Prediger/welcher dergleichen übelanständige Worte/ Quack/ Jeck/ Narr/ Frösche/ Fantast/ ꝛc. unverständig von sich saget, Der blosse und spöttisch ge-

gebene Engliſche und im Teutſchen mißbrauchte Name iſt ja ſo verhaßt/ und ſie werden deswegen ſo verfolget/ daß auch ihr untadelhafftes Chriſtliches Leben und Wandel
deßwegen muß verdächtig gemachet / ja gar verworffen werden, wie in dem inbege-
ta ben Büchlein B. J. 51 erſehen/ ungeachtet daß Tertull. Apol. c 3 hierunter gar
a.derer Gedancken iſt/ wan er ſagt: Juſtius eſt occulta de manifeſtis præjudicare,
quam manifeſta de occultis prædamnare. d. i. Es iſt billicher und gerechter das
verborgene und unbekandte/ als die Natur des bloſſen Baums oder der bloſſen Lehre/
aus dem was offenbahr iſt / nemlich aus den guten Früchten oder den guten Wercken/
vorher zu urtheilen / denn das/ was offenbahr und bekant / nemlich die guten Früchte
und die guten Wercke/ aus dem/ was verborgen und unbekant/ nemlich aus der Natur
des bloſſen Baums und der bloſſen Lehre / vorhero zu verdammen. So weiſet auch
Chriſtus auf die Früchte und Wercke/ als unbetrügliche Zeichen. Aber das wil denen
Weltgeſtnnten Predigern nicht ſchmecken/ dahero ſaget Paulus wohl von ſolchen
Leuten: Sie ſagen ſie erkennen Gott / aber mit den Wercken verläugnen ſie es / ſinte-
mahl ſie ſind/ an welchen Gott ein Greuel hat/ gehorchen nicht und ſind zu allem guten
Werck untüchtig. Ferner wird dieſer unſchuldigen und verachteten Leute ihre Lehre
und ſie ſelbſt verworffen / bloß auch des ihnen gegebenen Spott-Namens hal-
ber/ da es doch heiſſet: Prüfet die Geiſter; und prüfet alles/ nicht wer dieſer
oder jener ſey/ der dieſes oder jenes ſaget / oder ſchreibet / ſondern was das ſey/ ob es
recht oder unrecht ſey/ was einer oder der andere vorbringet: alſo thäte Chriſtus mit den
Schrifftgelehrten. Uber dieſes ſo iſt wiſſend/ wie die gewiſſenhaffte Leute eben auch
unbillich ausgeſchrien werden/ als ob ſie Gottes/ der Obrigkeit/ aller guthen Gebräu-
che/ ja der Natur ſelbſten widerſpänſtige Feinde wären? und ſolten ſie nur äuſſerlich
verläugnen/und ſich mit dem Hut abthun/ und einiger eitelen Wind oder Wort-titulen
der Welt-gewohnheit nach gleich ſtellen/ ſo were es ſchon guth oder doch zum wenigſten
nicht ſo widerig/ dan ihr Leben/ Handel und Wandel iſt im übrigen untraffbar. Wie
manchesmahl wird wohl geſaget: das iſt ein ehrlicher auch wohl gelehrter Man/
wunder daß er iſt ein Quaker werden/ und ſich unter die Narren begeben? was wied-
riges vorgehet/ ſeynd die Quater Uhrſache. Und in allen ihren unrecht aufgelegten Be-
ſtraffungen/ wird nie gemeldet/ daß ſie Hurer/ Ehebrecher/ Mörder/ Auffrührer/ ꝛc.
ſeyn/ da iſt nullum criminis nomen, niſi nominis crimen, da iſt nicht eine einige
Miſſethat/ die die Quater begangen hätten/ ſondern alleine der Name iſt ſtrafbar/ ja
eben in dem ſo harten Befehl ſelbſten/ wan man es eigentlich betrachtet/ ob ſchon
nicht mit ſo klar ausgedrückten Worten/ doch einfolglichen/ dan die in den vergange-
nen Tranſact angeſetzte zwey vermeinentliche Uhrſachen/ halten/n le bereits ein leſen/
nicht ſtand. Wollen ſie lieber ins Gefängnüß gehen/ ſich ſchänden und ſchmähen laſ-
ſen/ dan wider des Apoſtels Befehl und gegen ihr eigen Gewiſſen ſich der Welt mit
Knicken und Bücken/ nicht ſagen offters gar erlogen.n Titul-Wörtern/ ꝛc. gleichſtellen/
ſo heiſſet es/ es ſeynd verſtockte/ eigenſinnige/ halßſtarrige Köpffe mit denen kein
Menſch kan zurecht kommen / deſperati & perditi , verzweiffelte und verdamte
Menſchen.

Dergleichen Verweiſßbarkumen und übereinſtimmungen zwiſchen denen anfänglichen und dieſen von denen Welt-menſchen verachteten und verfolgten Gläubigen Chri-
ſti/ könte ich noch vielmehr/ja aus den heiligen Schrifften ſelber beybringen/ wan ſonderlich dieſes nicht bereits bekand und es auch die Zeit und Gelegenheit erlaubete.

Hingegen vergleiche ein unpartheyiſches Gemüth der itzigen ins gemein ſo genenten Christen ihr Lebens Art (als welches das vornehmste und einßige/ das an dem jüngsten Gericht wird untersuchet werden/ dan nicht die Hörer/ noch die Cymbalische Lehre des Worts/ gleich an den Pharisäern und Schrifftgelehrten zu ersehen/ sondern desselben Thäter werden selig werden.) mit der ersten Gläubigen ihrer/ nach der Nachrichtung aus den heiligen Schrifften und denen Geschichten der ersten drey hundert Jahr-zeiten / er wird gewißlichen einen Unterschied / als wie zwischen weiß und schwartz/ Liecht und Finsternuß/ ꝛc. leichtlichen und unwiedersprechlichen finden.

Wiewohl ich wohl weiß/ daß Petro gezeiget worden/ keinen Menschen gemein oder unrein zu nennen/ der auch derenthalben saget: daß er in der Warheit erfahren/ daß Gott die Persohnen nicht ansehe/ sondern in allerley Volck/ wer ihn fürchte und recht thue/ sey ihm angenehm; also will ich auch unter denen obgemeldten/ die mit einem rechtschaffenen/ Gottfürchtigen/ ihren Nächsten liebenden und Christ-gleichen Leben und Wandel ihren Glauben beweisen/ sie seyen unter was vor einer äusserlichen Art und Weise der Religionen sie seyn mögen/ allhier durchaus nicht verstanden haben. So daß es wohl darbey bleiben wird: Gott kennet die Seinen/ bevorab/ weil ausser diesen äusserlichen sichtbahren Zeichen des guten und bösen Lebens und Wandels/ um von den innerlichen Geistlichen Zustand zu urtheilen und zu richten/ nach Anweisung des Apostels/ kein $\psi\nu\chi\iota\kappa\grave{o}\varsigma$ $\ddot{\alpha}\nu\theta\rho\omega\pi o\varsigma$, kein natürlicher/ oder/ besser zu reden/ seel-achtiger Mensch/ der da nicht verstehet/ was des Geistes Gottes ist/ ja deme es eine Thorheit ist/ und der es nicht begreiffen kan/ sondern ein $\pi\nu\varepsilon\nu\mu\alpha\tau\iota\kappa\grave{o}\varsigma$ $\ddot{\alpha}\nu\theta\rho\omega\pi o\varsigma$, ein Geistlicher Mensch/ der alles richtet/ aber von niemand gerichtet wird/ nöthig und tauglich ist.

Es ist aber leider! je und alleseit in der Welt der unbillliche und böse Gebrauch gewesen/ daß man hierunter fast mehr auff die Gewohnheiten gehalten/ und denen selben nach gelebet/ so zwar in leiblichen und Welt-sachen in etwas darhin gestellet wird/ allein in Göttlichen/ Geistlichen und Gewissens-sachen halte ich gäntzlichen darvor/ daß solche durchaus nicht zu beobachten sondern zu verwerffen seyn/ aber nicht derselben rechtmässige Uhrsachen/ dergestalt/ daß was andere/ das Gut oder Böse ist/ thun oder lassen aus Gewohnheit/ solte billiger wegen Befindung rechtmässiger Uhrsachen geschehen/ und dieses derenthalben/ 1. Wan Gewohnheiten als Gewohnheiten und nicht vielmehr rechtmessige Uhrsachen gelten solten/ so hätten die Schrifftgelehrten/ Pharisäer und Juden ein grosses Recht wider Christum und seine Aposteln gehabt/ ja die Juden hätten es noch/ wie auch die Heiden/ Türcken und Papisten/ ꝛc. Zum 2. wissen wir/ daß wenn ein Ding an sich selbst schon guth auch von Gott befohlen ist/ noch dennoch/ wan es nur aus einer Gewohnheit geschiehet/ so verartet es gäntzlich gleichsam von seiner Natur/ und ist Gott zuwider/ dannenhero ungeachtet die Juden die von Gott ihnen anbefohlene Opffer nach dem äusserlichen Recht verrichteten/ saget der Prophet dennoch: daß wer einen Ochsen schlachtete/ wäre eben/ als der einen Man erschlüge/ der ein Schaff opfferte/ als der einem Hund den Halß bräche/ der Speiß-opfer brächte/ als der Säu-blut opfferte/ ꝛc. so wird auch gemeiniglich von den Lutheranern selbst darvor gehalten/ daß nur aus Gewohnheit zur Kirchen und dem so genenten Abendmahl gehen/ unrecht und sündlich sey; Ob es nun schon nicht eben allenthalben als B. F. in p. 4. §. 10. seiner unvernünfftigen Gewohnheit nach/ aber (wie auch im vorgehenden und schon gemeldeten s. 9. in unvermeidlichen Stücken zu thun vermeinet) so ausdrücklichen gemeldet wird/ so bezeuget es doch die Erfahrung/ daß die grösste Wiedrigkeit anjetzo gegen diese so hart verfolgte und andere dergleichen Leute ist/

daß

daß sie denen itzigen verderblichen Gewonheiten mit dem Hoffarts-Gepränge/ so in gemein Höflichkeit (so wohl von Welt- aber schwerlich von einem Christlichen Hoff-leben herkommet) und Ceremonien heissen / in Hath abthun / knicken und bücken / falschen und öffters gar erlogenen Titul-Worten/ ꝛc. nicht wollen nachahmen / und solches nicht vor eine blosse Außerliche und gar wohl zuläßliche/ sondern vor eine ungezweiffelte Gewissens-sache halten / und zwar unter anderen/ dannenhero/ daß mit deutlichen Worten in den Heyl. Schrifften gemeldet wird, daß an dem jüngsten Tage von denen Handlungen und Thaten / ja von einem jeden vergeblichen/ oder wie Lutherus redet/ unnützen Worte Rechenschafft zu geben erfodert wird / und zum 3. daß man die Welt/ und was in der Welt ist / als Augen-lust/ Fleisches-Lust/ und hoffärtiges Wesen nicht einmahl lieben/ ich geschweige thun/ ja sich dieser Welt gar nicht gleich stellen solle. Als will nothwendig folgen / daß man unter beyden nachgesetzten Schlüssen nur einen vor Recht erwehlen und sagen muß/ entweder also: Wer die Weltlich-gebräuchlichen Ceremonien mit dem Hut abthun und anderen dergleichen Dingen thut / der muß am jüngsten Tage deswegen Rechenschafft geben/ und derselbe liebet die Welt/ und derselben hoffärtiges Wesen/ und stellet sich der Welt gleich ; Oder es muß also gesaget werden: Wer dieses nicht thut / und gebrauchet sich nicht der weltlichen Ceremonien mit dem Hut abthun und anderen/ der muß am jüngsten Tage Rechenschafft deswegen geben/ und derselbe liebet die Welt und ihr hoffärtiges Wesen/ und stellet sich dieser Welt gleich. Beyde Schlüsse können zugleich nicht wahr seyn/ denn sie seyd einander schnur gerade zuwider / und der letzte Schlus kan auch bloß vernünfftiger weise nicht zugestanden werden/ so muß es denn nothwendig der erste seyn/ welches dannenhero vor Gott und in der Warheit nicht nur blosse Gewissens- sondern gar verdamliche Sachen seyn/ und so etwan das dritte/ als ein Mittel zwischen beyde wolte ausgefunden werden als es zu den Zeiten des Apostels war/ da mit guten Gewissen einer abgöttisch geopffertes Fleisch essen/ der andere nicht essen ; einer dem Herrn einen Taghalten/ der andere nicht halten könte ; so kan ich doch dermahlen nicht sehen/ wie solches hier geschehen möge ; und gesetzten Fals/ es könte also seyn so folgete doch alhier wenigstens/ daß den Hut nicht abthun und die Welt-gebräuchlichen Gewohnheiten nicht gebrauchen / nicht unrecht / und also / wegen mehrerer Ansehung Gottes dan der Menschen/ billicher zu unterlassen weren / und daß es hierunter nicht eben so ungereimt / als wie es denen durch die Gewohnheit übel zugerichteten Augen schelet/ so frage ich / was das Hut abziehen betrifft (wie theils schon ehemahls von einem der itzt verfolgten Leute an eurem Orte mündlich geschehen / und wegen des übrigen/ wolte es hier allzu viel verdrießliche Weitläufftigkeit machen) 1. Warum entblösset eine Manns-Person das Haupt/ wenn sie zu Gott beten will / und öffters wenn sie gantz alleine ist/ ich will nicht sagen von dem Gebrauch unter etlichen Religionen bey Nennung des Namens Jesu/ als das sie ihre Demütigkeit gegen die Göttliche Majestät bezeigen und ihme dardurch seine Ehre beweisen will? wenn nun dieselbige Person eben dergleichen mit dem Hut abziehen zu einem Menschen thut / so folget nothwendig/ daß sie entweder mit derselben Ehre / damit sie Gott ehret / den Menschen ehret / und machet denselben Menschen zu einem Abgott / und wird selbst dadurch abgöttisch / versündiget sich auch dannenhero über dieses sehr an Gott / der da saget: Ich will meine Ehre keinen andern geben. Oder aber der Unterschied des Hut abziehens bestehet in der Meynung und intention des ehrerbietenden? Ist es nun in der Meinung/ so ist es nicht in dem Hute/ und welcher der andere/ dem es widerfähret/

nicht/ob er dardurch geehret oder verunehret wird/dan wie soll er hiedurch die Meinung des andern wissen? Zum 2. so ist es ein Stück des hoffärtigen Wesens in der Welt/ denn wer dergestalt die vermeinte Ehrerbietung dem andern beweiset/ der erwartet dergleichen hinwiederum von solchen/ oder in deren nachbleibung wird er ergürnet/ welches aus Hoffart geschiehet; derohalben bestraffet Christus die Pharisæer/daß sie sich unter einander ehreten. 3. So ist auch die Nichtigkeit dieses Gebrauchs dannenhero zu verspüren/ daß einige Römische Gesetze solches bahrhäubtigte Wesen ohne Unterschied von Manns und Weibes Persohnen/ närrischer Weise erforderten/ wie Surius in Vita Melaniæ Tom. 1. augenscheinlich mit diesen Worten anzeiget: Erat hæc lex apud Romanos, ut nullus vir nec mulier ad Imperatorem aut Imperatricem operto capite accederet; ea vero, sc. Melania, legem nihil curans velata accessit : non Tyrannorum mores, sed Pauli legem maximè dicens oportere conservare, &c. d. i. Es war bey den Römern dieses Gesetz/ daß weder Manns noch Weibes Persohnen solten mit bedecktem Häupte zu dem Keyser oder der Keyserinne kommen/ sie aber/ nemlich Melania, achtete das Gesetz nicht sondern kam gedecket/ und sagte man muste nicht der Tyrannen ihre gebräuchliche Sitten sondern vielmehr des Pauli Gesetz beobachten. In diesen Worten dienete viel zu diesem Vorhaben/ so ich aber dermahlen nebenst anderen geliebter kürtze halber unterlasse.

Immittelst erhället aus diesen wenigen anitzo angeführten die Warheit dessen/ was Paulus saget : Alle die Gottselig leben wollen (nicht nach dieses oder jenes Menschen Lehre/ nicht in dem Namen dieses oder jenes Menschen/ auch nicht in denen heyligen Schrifften selbsten/ sondern) in Christo Jesu, die müssen Verfolgung leiden. Hier ist nun das unvermeidliche und von Christo schon längst vorhero unfehlbarlich geweissagte müssen wohl zu beobachten/ welches auch Christus von sich selbst vielfältig sonderlich nach seiner Aufferstehung gebrauchet/ da er die zwene Jünger wegen ihres Klein-glaubens bestraffet : muste nicht Christus solches leiden/ &c. Aber unterdessen werden diese/ so solches müssen in der Verfolgung veruhrsachen und vollbringen/ nicht ohne grosse und erschreckliche Straffe/ wan sie sich nicht bekehren/ darvon kommen/ Christus saget : Es muß ärgernüß in der Welt seyn/ aber wehe dem/ durch welchen solche kommet ; und anders wo : zwar des Menschen Sohn gehet dahin/ wie es verordnet ist/ doch wehe dem jenigen/ durch welchen er übergeben wird.

Ersuche derohalben die anfangs gemeldte sämptliche Bediente des von Gott eingesetzen Obrigkeitlichen Ambts in Dantzig und denen angehörigen Oertern inständiglichen und höchlichen/ diese meine Schrifft in der Liebe und Furcht Gottes/ von welcher geschriebenes geschrieben/ unbeschwert anzunehmen und zu überlegen/ und wo es immermehr müglich/ welches ihnen doch gar leicht und müglichen ist/ nicht allein von so einer/ angezogener Uhrsachen halber/ un Christlichen Verfolgung gegen die verächtlich genente Zitterende anjetzo und hinkünfftig aufzuhören/ sondern auch den/ wie angezeigt/ allzu hart und strengen Befehl wegen Verweisung dieser desfals ihres Gewissens halber unschuldigen Leuthe gäntzlichen aufzuheben/ und sie ihrer Gewissens Freyheit/ worüber Gott allein der rechtmässige Richter/ unverhinderlich zu geniessen/ auch in den ihrigen und ihren untadelichen Aufrichtigen Handel und Wandel/ gleich denen übrigen Einwohnern/ und wie anderen ihren Freunden an andern Orten in Engeland/ Holland/ Teutschland/ Westindien und daselbst unter denen so geachteten wilden Menschen selbst geschiehet/ ruhig/ unbetrübet und friedlich verbleiben und wohnen zu lassen/ belieben wolten / In

sanffte

sanfftmütiger Beherzigung der Worte unsers so liebreichen ja alle menschliebenden Heilandes Jesu Christi: selig sind die Barmherzigen/ dan ihnen wird Barmherzigkeit wiederfahren. Hingegen aber ist auch zu wissen: daß die Unbarmherzigen an jenem Tage werden ein erschreckliches Urtheil zu erwarten haben.

Unterdessen lebe ich/ ob Gott will/ der festen Hoffnung/ es werde durch guthen Rath nicht nur eines verständigen Gamaliels/ sondern deren vielen unter euch hierauff eine vor Gott/ dessen heiligen Engelen/ und allen wahren unpartheyischen Christen billichmässige und genügige Entschliessung/ und dannenhero eine euch selbst wohlanständige und rühmliche/ mir aber und allen anderen rechtschaffenen Herzen insonderheit diesen jämmerlich betruckten Leuthen tröstliche und erfreuliche Willfahrung erfolgen; Womit ich uns sämptlich der barmherzigen Liebe Gottes inniglichen ergebe/ und bringe also diese meine wohlgemeinde Schrifft zu dem verlangten

E N D E.